D1925373

GÜNTER BEER · PATRIK JAROS

DESSERTS

Richtig zubereiten und genießen – jeden Tag

GÜNTER BEER · PATRIK JAROS

DESSERTS

Richtig zubereiten und genießen – jeden Tag

Parragon

Bath · New York · Singapore · Hong Kong · Cologne · Delhi
Melbourne · Amsterdam · Johannesburg · Auckland · Shenzhen

LOVE FOOD is an imprint of Parragon Books Ltd

Copyright© Parragon Books Ltd

LOVE FOOD and the accompanying heart device is a registered trade mark of Parragon Books Ltd in Australia, the UK, USA, India and the EU

Idee: Patrik Jaros & Günter Beer

Der Visuelle Index ist ein beim Europäischen Markenamt unter der Nummer 000252796-001

eingetragenes Geschmacksmuster der Buenavista Studio s.l.

Rezepte und Foodstyling: Patrik Jaros | www.foodlook.com

Fotografie: Günter Beer | www.beerfoto.com

Text: Günter Beer, Gerhard von Richthofen, Patrik Jaros, Jörg Zipprick

Assistenz Fotografie: Sigurd Buchberger, Aranxa Alvarez

Assistenz Küche: Magnus Thelen, Johannes von Bemberg

Design by Estudio Merino | www.estudiomerino.com

Produziert von Buenavista Studio s.l. | www.buenavistastudio.com

Alle Rechte vorbehalten. Die vollständige oder auszugsweise Speicherung, Vervielfältigung oder Übertragung dieses Werkes, ob elektronisch, mechanisch, durch Fotokopie oder Aufzeichnung, ist ohne vorherige Genehmigung des Rechteinhabers urheberrechtlich untersagt.

Copyright © für die deutsche Ausgabe

Parragon Books Ltd

Queen Street House

4 Queen Street

Bath BA1 1HE, UK

Realisation: trans texas publishing, Köln

ISBN 978-1-4454-2938-0

Printed in China

Anmerkungen für den Leser:

Ein Teelöffel entspricht 5 ml, ein Esslöffel 15 ml. Soweit nicht anders angegeben, wird Vollmilch verwendet. Die Angaben für Kartoffeln, Gemüse und Eier beziehen sich auf mittlere Größen. Pfeffer ist immer frisch gemahlener Pfeffer.

Kinder, ältere Menschen, Schwangere, Kranke und Rekonvaleszenten sollten auf Gerichte mit rohen oder nur leicht gegarten Eiern, rohen Fisch und Meeresfrüchte sowie Erdnüsse oder Erdnussprodukte verzichten. Allergiker bitten wir zu beachten, dass einige Fertigprodukte, die in den Rezepten verwendet werden, allergene Bestandteile enthalten können und daher immer sorgfältig die Inhaltsangaben der Produkte überprüft werden müssen.

Bewahren Sie Lebensmittelreste immer im Kühlschrank auf und prüfen Sie sie vor ihrer Verwendung gewissenhaft auf ihre Verwertbarkeit. Verdorbene Lebensmittel dürfen auf keinen Fall verzehrt werden. Alle Rezepte in diesem Buch wurden mit größtmöglicher Sorgfalt überprüft, nachgekocht und verkostet.

Bildnachweis: Alle Fotos von Günter Beer, Barcelona

Inhalt

Einleitung

Desserts sind der krönende Abschluss eines guten Essens und hinterlassen bei Ihrer Familie oder Ihren Gästen ein wohliges Gefühl der Zufriedenheit.
Die Welt der Nachspeisen ist sehr vielfältig – von erfrischenden Fruchtdesserts über sahnige Cremedesserts bis hin zu gebackenen Köstlichkeiten – für jeden Geschmack ist etwas dabei.
Da das Dessert den letzten Gang eines Menüs darstellt, sollte es mit Bedacht ausgewählt werden, da es der „letzte Eindruck" ist, den Ihre Gäste vom Essen mit nach Hause nehmen.
Deshalb ist es auch besonders wichtig, dass das Dessert immer optimal auf das Menü abgestimmt ist. Wenn Sie einige wenige Dinge beachten, steht dem vollkommenen Dessert-Genuss nichts mehr im Weg: Nach sehr schweren Gängen sollten Sie lieber eine leichtere fruchtige Nachspeise servieren, um Ihre Gäste nicht zu überfordern. Sind die vorherigen Gänge nicht ganz so reichhaltig, können Sie ruhig auch ein gehaltvolleres Dessert reichen.
In der warmen Jahreszeit sind kalte Frucht- oder Eisdesserts eine willkommene Abkühlung für den Gaumen. Im Herbst oder Winter spenden üppigere warme Nachspeisen eine wohlige Wärme. Wenn Sie eine bestimmte Landesküche, beispielsweise die französische, italienische oder eine asiatische, zum Motto Ihres Menüs auserkoren haben, dann sollte auch die Nachspeise dazu passen. So bietet es sich bei einem französischen Menü an, auch ein französisches Dessert zu reichen, etwa ein Weinchaudeau (s. S. 44) oder die überbackenen Pfirsiche mit Lavendel (s. S. 52). Für ein italienisches Mahl bietet sich beispielsweise eine Zabaglione (s. S. 38) oder eine Panna cotta (s. S. 30) an. Passende Desserts für asiatische Menüfolgen stellen der Tapioka-Kokos-Pudding (s. S. 48), Frühlingsrollen mit Kirschfüllung (s. S. 50) oder die frittierten Glasnudeln in Erdbeergazpacho dar. Fruchtdesserts passen zu fast jedem Menü und können wunderbar variiert werden. So können Obstdesserts mit exotischen Früchten, Trockenobst, feinen süßen Saucen (eine Auswahl hierfür finden Sie auf den Seiten 12–13), Nüssen oder Likören verfeinert werden und passen sich so jeder erdenklichen Mahlzeit an. Achten Sie bei Früchten, insbesondere bei Beerenobst, darauf, dass Sie möglichst saisonale und einheimische Produkte verwenden, da diese sehr viel aromatischer schmecken als importierte Ware. Greifen Sie lieber auf Tiefkühlware zurück, die in der Regel in der jeweiligen Saison geerntet wurde.
Auch für Desserts gilt: Je qualitativ hochwertiger die Produkte sind, die man für die Zubereitung verwendet, desto schmackhafter wird auch das fertige Gericht.

Schokolade
Schokoladen-Desserts sind nicht nur bei Kindern, sondern auch bei Erwachsenen äußerst beliebt. Damit dem vollkommenen Schokoladengenuss nichts im Weg steht, sollten Sie immer qualitativ hochwertige Schokolade bevorzugen. Falls Zartbitterschokolade verwendet werden soll (beispielsweise für die Dunkle Schokoladenmousse auf Seite 20), wählen Sie möglichst eine Schokolade mit 70 % Kakaoanteil. Diese ist zwar etwas teurer als Produkte mit einem niedrigeren Kakaoanteil, doch sie ist auch sehr viel vollmundiger im Geschmack und verleiht dem fertigen Dessert ein unvergleichliches Aroma. Weiße Schokolade ist streng genommen keine wirkliche Schokolade, da sie keinen Kakao, sondern nur Kakaobutter enthält. Achten Sie bei weißer Schokolade darauf (beispielsweise für die Zubereitung der Weißen Schokomousse mit Ahornsirup auf Seite 22), dass Sie ein Produkt mit hohem Kakaobutteranteil erwerben.
Für Nachspeisen, die Kakaopulver enthalten (beispielsweise das Tiramisu auf Seite 24) sollte ein ungesüßtes und entöltes Produkt verwendet werden. Kakaopulver darf keinesfalls durch Schokoladen-Getränke-pulver ersetzt werden, da dieses nicht den nötigen Kakaoanteil enthält und obendrein sehr stark gezuckert ist.

Garnierung
Bei keinem anderen Gang des Menüs ist die Garnierung so wichtig wie beim Dessert. Hier können Sie Ihrer Fantasie freien Lauf lassen. Sehr hübsch sehen Dekorationen mit Früchten, vor allem Beeren, aus. Auch kandierte Blüten, beispielsweise Veilchen, Rosen oder Stiefmütterchen, machen aus einer einfachen Nachspeise ein kleines Kunstwerk. Einige Desserts sind schon an sich optisch so ansprechend, dass eine üppige Dekoration zu viel des Guten wäre und nur ablenken würde. In diesem Fall reicht es aus, wenn Sie die Süßspeise mit etwas Puderzucker oder Kakaopulver bestäuben oder mit frischen Kräutern, beispielsweise Minze- oder Zitronenmelisseblättchen, dekorieren. Andere Garnierungen sehen nicht nur hübsch aus, sondern verleihen der Nachspeise auch zusätzliches Aroma. Dies ist der Fall bei gerösteten, gehackten Nüssen, bei Schokoladenspänen oder -raspeln und auch bei Zesten von Zitrusfrüchten. Auch süße Saucen werten Süßspeisen optisch auf, indem sie ihnen einen zusätzlichen Farbklecks verleihen. Zudem kann die richtige Sauce ein Dessert geschmacklich ergänzen. So wird beispielsweise eine Bayrische Creme (s. S. 42) meistens mit einer fruchtigen Sauce serviert. Einige Nachspeisen, wie etwa Eiscremes, werden gerne mit ein oder zwei selbst gebackenen Plätzchen oder Biskuits gereicht.

Zubehör
Für die Zubereitung der verschiedenen Desserts brauchen Sie nicht unbedingt teures Küchenzubehör anzuschaffen, doch einige wenige Utensilien erleichtern Ihnen die Arbeit ungemein. So ist es sehr wichtig, in eine gute Küchenwaage zu investieren, da man sich bei der Zubereitung von Nachspeisen möglichst exakt an die in der Zutatenliste angegebenen Mengen halten sollte. Auch ein gutes Handrührgerät erleichtert Ihnen die Arbeit. Ein Schneebesen, am besten ein Ballonbesen, wird für die Zubereitung von luftigen Cremes und Saucen benötigt, die im Wasserbad hergestellt werden. Hochwertige antihaftbeschichtete Backformen verhindern, dass Nachspeisen aus dem Ofen anbacken oder etwa beim Stürzen brechen. Mit einem Spritzbeutel mit auswechselbarer Tülle lassen sich im Handumdrehen die schönsten Verzierungen auf Torten, Cremes und Eiscremes spritzen.

Wie dieses Kochbuch funktioniert

Die in den Rezepten verwendeten Mengen reichen, sofern nicht anders angegeben, für 4 Personen.

4 Eier
100 g Zucker
1 Prise Zimt
400 ml Rotwein
2 Blatt Gelatine
300 g Sahne, geschlagen
8 Löffelbiskuits

Kalte Weincreme

1. Aus Eigelb, Zucker, Zimt und 200 ml Rotwein ein Weinchaudeau (s. S. 44) aufschlagen. Die Gelatineblätter in kaltem Wasser 10 Minuten einweichen, danach ausdrücken und in dem heißen Weinchaudeau auflösen. In eine Schüssel umfüllen und auskühlen lassen.

2. In der Zwischenzeit den Rest des Rotweins auf eine Menge von 4 Esslöffeln einkochen lassen. Die Sahne cremig steif schlagen.

3. Die Sahne und fast die gesamte Rotweinreduktion unter das kalte Weinchaudeau heben. Die Rotweinreduktion verleiht der Weincreme die nötige Farbe und verstärkt zusätzlich den Geschmack. Die Löffelbiskuits mit den Fingern in Stücke teilen und in Gläser geben. Die Creme darubergeben und eine gute Stunde auskühlen lassen.

Zum Schluss nach Geschmack etwas Rotweinreduktion mit Zucker vermischen und über die Weincreme träufeln.

+ 1 Stunde Kühlzeit

*** 40

■ Für die kalte Weincreme kann auch Weißwein verwendet werden. Dann aber auch für die Weinreduktion einen weißen Wein verarbeiten. Den Biskuits können noch kleine entkernte frische weiße Weintrauben beigefügt werden. Zu der Rotweincreme passen rote Trauben. So schmeckt es etwas frischer.

46 | Cremige Desserts und Kuchen

47

Schwierigkeitsgrad: Die Sterne bezeichnen den Schwierigkeitsgrad: Ein Stern steht für leicht, zwei Sterne für mittelschwer, drei Sterne für schwer.

Zubereitungszeit: Die Zahl unten links auf der Seite gibt die ungefähre Zubereitungszeit in Minuten an.

Tipps: Ergänzungen und Abwandlungen des Rezeptes, Tipps zur Verwendung oder Kombinationsmöglichkeiten stehen hier.

- 8 Eier
- 120 g Zucker
- 1 Prise Salz
- 60 g Mehl, Type 405
- 40 g Speisestärke

Biskuitteig

1. Die Eier trennen, das Eigelb in eine runde Schüssel geben und 4 Eiweiß zur Verarbeitung beiseitestellen. 60 g Zucker zum Eigelb geben.

2. Das Eigelb und den Zucker etwa 5 Minuten schaumig schlagen, bis die Masse hellgelb ist.

3. Die 4 Eiweiß in einer anderen Schale mit dem Salz langsam schlagen. Nach und nach den restlichen Zucker einrühren und einen steifen Eischnee erzeugen. Mit einer Küchenmaschine zuerst auf mittlerer Stufe schlagen, die letzte halbe Minute dann auf höchster Stufe. Den Eischnee zum Eigelb geben und mit einem Teigschaber vorsichtig unterheben.

4. Das Mehl und die Speisestärke durch ein feines Sieb über die Masse sieben. So gelangen keine Mehlklümpchen in den Biskuit.

5. Danach mit dem Teigschaber vorsichtig untermengen, ohne diesen am Schüsselrand abzuschlagen. Dabei würde die Biskuitmasse leicht „schrecken" und nicht mehr richtig aufgehen. Sie muss viel Luft enthalten, damit der Biskuit luftig wird!

6. Den Teig auf ein mit Backpapier ausgelegtes, etwa 30 x 40 cm großes Backblech geben und glatt streichen. Im auf 190 °C vorgeheizten Ofen rund 10 Minuten goldgelb backen. Dann herausnehmen, etwas auskühlen lassen und verarbeiten.

35

■ Für ein Schokobiskuit noch 20 g Kakaopulver, am besten entölt, unterheben. Danach wie angegeben backen. Schokobiskuit schmeckt sehr lecker als Rolle mit Kirschen und Kirschkonfitüre.

3

4

5
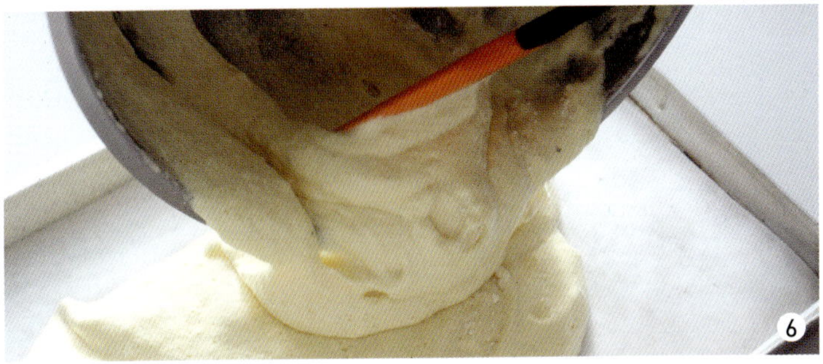
6

 400 g Mehl

 200 g kalte Butterstücke

 100 g Zucker

 1 Prise Salz

 2 Eier

Süßer Mürbeteig

1. Das Mehl zusammen mit Butterstücken, Zucker und Salz auf eine Arbeitsfläche geben.

2. Mit beiden Händen die Butter schnell unter das Mehl kneten. Knetet man zu lange, wird die Butter zu warm und der Teig später brüchig.

3. Nun 1 Ei und 1 Eigelb dazugeben und einarbeiten. Das übrige Eiweiß im Kühlschrank zur anderweitigen Verwendung aufbewahren.

4. Den Teig zügig durchkneten, bis er glatt ist und eine geschmeidige Konsistenz hat.

5. In Klarsichtfolie einwickeln und für mindestens 1 Stunde zum Ruhen in den Kühlschrank stellen. Dann nach Belieben weiterverarbeiten.

Ergibt 750 g.

75

■ **Ein Viertel des Mehls durch fein geriebene Mandeln ersetzen. Danach den Mürbeteig wie beschrieben zubereiten, zu Plätzchen oder Teegebäck verarbeiten und goldbraun backen.**

3

4

5

Vanillesauce

1 Vanillestange der Länge nach halbieren und das Mark mit dem Messerrücken herauskratzen. Das Mark und die Vanillestange in **250 ml Milch** geben und alles in einem Topf zum Kochen bringen. In der Zwischenzeit **6 Eier** trennen, das Eigelb mit **50 g Zucker** vermischen und schaumig rühren. In einer Stielkasserolle Wasser zum Kochen bringen. Sobald die Milch aufkocht, durch ein Sieb gießen, damit keine Reste der Vanillestange in die Sauce gelangen. Die heiße Milch nach und nach unter ständigem Rühren in die Ei-Zucker-Masse gießen. Die Mischung auf dem vorbereiteten Wasserbad erhitzen und bis zur Rose abziehen (s. S. 42). In einem Wasserbad mit Eiswürfeln kalt rühren.

Küchendoktor: Sollte die Sauce zu heiß werden, gerinnt sie. In diesem Fall durch ein feines Sieb passieren. 1 EL Speisestärke und 2 EL Milch anrühren und mit dem Schneebesen unter die heiße Vanillesauce rühren. Noch einmal aufkochen und die Sauce ist wieder cremig-sahnig.

Schokoladensauce

125 ml Milch, **100 ml Sahne** und **½ ausgekratzte Vanillestange** in einem Topf langsam zum Kochen bringen. **100 g dunkle Kuvertüre** und **50 g Vollmilchkuvertüre** mit einem Messer klein hacken und in die Milch geben. Mit einem Schneebesen langsam rühren und die Kuvertüre auflösen. Dann vom Herd nehmen. Die Vanillestange herausnehmen und **10 ml Cognac**, **20 g Zucker** sowie **40 ml Pflanzenöl** einrühren. Danach die Sauce durch ein feines Sieb passieren und möglichst bei Zimmertemperatur servieren.

■ Statt Pflanzenöl Haselnussöl verwenden!

Karamellsauce

50 g Zucker und **100 ml Wasser** in einer kleinen Stielkasserolle bei geringer Hitze aufkochen. So lange köcheln, bis der Zucker goldbraun und gleichmäßig karamellisiert ist. Danach mit **50 ml Wasser** ablöschen, damit der Zucker nicht weiter bräunt. Wieder langsam köcheln, bis das Wasser verkocht ist (etwa 5 Minuten). Dann mit **250 ml Milch** aufgießen. **1 Vanillestange** der Länge nach halbieren und das Mark mit dem Messerrücken herauskratzen. Beides zur Milch geben und alles in einem Topf zum Kochen bringen. In der Zwischenzeit **6 Eier** trennen, die Eigelbe mit **30 g Zucker** vermischen und schaumig rühren. Eine Stielkasserolle mit Wasser zum Kochen bringen. Sobald die Milch aufkocht, durch ein Sieb gießen, damit keine Klumpen in die Sauce gelangen. Die heiße Milch nach und nach unter ständigem Rühren in die Ei-Zucker-Masse gießen. Die Mischung auf dem vorbereiteten Wasserbad erhitzen und bis zur Rose abziehen (s. S. 42). Zum Schluss in einem Wasserbad mit Eiswürfeln kalt rühren.

Erdbeersauce

250 g Erdbeeren waschen und putzen und gegebenenfalls von fauligen Stellen befreien. **50 g Puderzucker** über die Erdbeeren geben, **80 ml Mineralwasser** darübergießen und alles mit einem Pürierstab zu einer feinen Sauce pürieren. Schließlich durch ein feines Sieb passieren und servieren.

Aprikosensauce

5 Aprikosen für 10 Sekunden in kochendes Wasser geben und sofort in kaltem Wasser abschrecken. Die Haut mit einem kleinen Messer abziehen, die Früchte halbieren und die Kerne entfernen. Die Aprikosenhälften mit dem Saft einer **½ Zitrone**, **50 g Puderzucker** und **80 ml Mineralwasser** in eine Schüssel geben und alles mit einem Pürierstab mixen. Anschließend die Aprikosenmischung durch ein feines Sieb gießen und das Fruchtfleisch mit einem Löffel oder Teigschaber hindurchstreichen.

Kiwisauce

4 Kiwis schälen, mit **50 g Puderzucker** und **80 ml Mineralwasser** in eine Schüssel geben und mit dem Pürierstab mixen. Schließlich durch ein feines Sieb passieren.

■ **Kiwis lassen sich nicht mit beliebigen Molkereiprodukten verwenden, da sie ein gerinnendes Enzym enthalten (genau wie Ananas).**

 800 g Magerquark

 200 ml Milch

 100 g Sahne

 5 Eier

 1 Zitrone

 50 g Butter

 80 g Vanillezucker

 90 g Speisestärke

 1 Prise Salz

 120 g Zucker

 250 g Mürbeteig (s. S. 10)

Käsekuchen

1. Den Magerquark in eine Schüssel geben und zusammen mit der Milch und der Sahne glatt rühren. Die Eier trennen und das Eiweiß in einer abgedeckten Schüssel in den Kühlschrank stellen. Die Zitronenschale heiß abwaschen und fein abreiben. Die Zitrone halbieren und auspressen. Die Butter in einem kleinen Topf auf dem Herd oder in der Mikrowelle zerlassen.

2. Das Eigelb, die zerlassene Butter, die Hälfte des Vanillezuckers, den Zitronensaft, die Zitronenschale und die Speisestärke zum Quark geben und alles mit einem Schneebesen glatt rühren.

3. Das kalte Eiweiß mit dem Salz und dem Zucker zu einem cremigen Eischnee schlagen und diesen unter die Quarkmasse heben.

4. Den Mürbeteig ½ cm dick ausrollen und eine antihaftbeschichtete Springform damit auslegen. Die überstehenden Ränder mit einem Messer abschneiden. Die Käsekuchenmasse einfüllen und glatt streichen. Die Form in den auf 220 °C vorgeheizten Ofen geben. Nach etwa 5 Minuten herausnehmen und die Kuchenhaut entlang des Mürbeteigs mit einem Messer einschneiden. Die Form wieder in den Ofen geben und weitere 15 Minuten backen. Dann noch einmal herausnehmen, den aufgegangenen Kuchen etwas sacken lassen und den Ofen auf 160 °C zurückdrehen. Anschließend den Kuchen weitere 35 Minuten backen.

5. Den Kuchen herausnehmen und noch heiß mit dem restlichen Vanillezucker bestreuen. Auskühlen lassen und aus der Springform nehmen. Auf eine Kuchenplatte geben und in Stücke schneiden.

*** 120**

■ Käsekuchen schmeckt leicht warm besonders gut, lässt sich so aber schwerer schneiden. Daher ist Vorsicht geboten! Nach Belieben können auch noch 50 g in Rum eingeweichte Rosinen unter die Quarkmasse gehoben werden.

2

3

4

5

240 g Mehl

½ l Milch

3 EL Zucker

3 Eier

150 g Butter

2 EL Öl

Pfannkuchenteig

1. Das Mehl in eine Rührschüssel geben. Die Hälfte der Milch sowie den Zucker hinzufügen.

2. Mit einem Schneebesen den Teig glatt rühren. Das geht besser, wenn der Teig zähflüssig ist.

3. Die restliche Milch zugießen und die Eier hineinschlagen.

4. Die Butter in einem Töpfchen so lange erhitzen, bis die Molke goldgelb ist und ein wunderbar nussiger Geruch entstanden ist – dann haben Sie Nussbutter.

5. Die Nussbutter nach und nach mit dem Schneebesen in den Teig rühren – das macht den Teig saftig.

6. In eine beschichtete Pfanne etwas Öl geben und erhitzen. Eine kleine Schöpfkelle Pfannkuchenteig hineingeben und durch Kippen und Drehen den Teig gleichmäßig dünn verlaufen lassen.

7. Den Teig mit einem Spachtel vom Rand lösen und durch „gekonntes" Schwenken den Pfannkuchen wenden! Dazu ist etwas Übung nötig, aber es funktioniert wirklich!

8. Nach dem Wenden noch kurz braten.

Den Pfannkuchen auf einen Teller stürzen und auskühlen lassen.

25

■ Die Pfannkuchen je nach Geschmack mit frischer Konfitüre bestreichen, einrollen und mit Puderzucker bestreut servieren. Lecker ist auch die Kombination mit Früchtequark-Füllung und Vanillesauce.

5

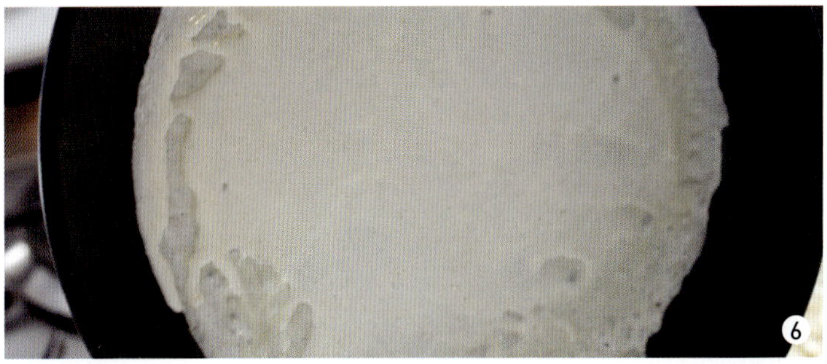
6

7

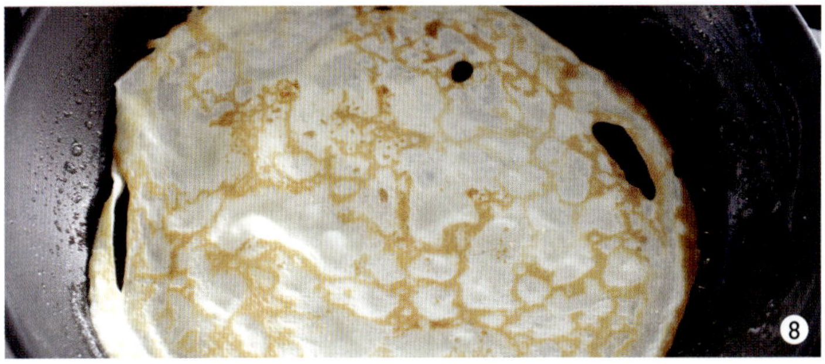
8

 4 Eier

 260 g Puderzucker

 200 g Himbeeren

 200 g Walderdbeeren

 ¼ l Sahne

 1 Vanillestange

Pawlowa mit Beerenfrüchten und Vanillesahne

1. Die Eier trennen, das kalte Eiweiß in die Schüssel geben und mit dem Schneebesen halbsteif schlagen. Nach und nach Puderzucker beigeben und alles mit einem Handrührgerät steif schlagen.

2. Den Eischnee mit einem Teigschaber in einen Spritzbeutel füllen.

3. Den Eischnee wie eine Schnecke auf ein mit Backpapier ausgelegtes Backblech spritzen. Bei 120 °C im Ofen 35 Minuten backen. Anschließend die Temperatur auf 60 °C reduzieren und den Eischnee 4 Stunden trocknen lassen.

4. Die Beeren verlesen, waschen und in eine Schüssel geben.

5. Die gebackenen Eischneeschnecken mit einem scharfen Sägemesser vorsichtig halbieren. Die Sahne mit dem aus der Vanillestange geschabten Mark schlagen und auf die unteren Hälften verteilen.

Die Beeren auf die Sahne geben, den Deckel schräg daraufsetzen und servieren.

+ 4 Stunden Trockenzeit

*** 65

■ Die Baisertörtchen auch mal in ganz klein versuchen – so brauchen diese nicht so lang zum Trocknen und können einfach zum Nachmittagstee gereicht werden. Auch schon auf Vorrat vorbereiten, aber erst vor dem Servieren füllen. Anstelle von Früchten kann auch Fruchtsorbet hineingefüllt werden.

2

3

4

5

150 g Zartbitterschokolade

2 Eier

3 EL Zucker

1 EL stark entölter Kakao

20 ml Cognac

50 ml Espresso

1 Prise Salz

200 g Sahne

4 EL Schokoraspel

Dunkle Schokoladenmousse

1. Die Zartbitterschokolade in einer Schüssel über einem Wasserbad langsam schmelzen lassen.

2. Die Eier trennen, das Eiweiß im Kühlschrank aufbewahren und das Eigelb mit dem Zucker schaumig rühren. Kakao, Cognac und Espresso in die Eimasse rühren.

3. Nun die geschmolzene Schokolade warm dazugeben.

4. Die Schokolade einrühren, bis alles gut vermengt ist.

5. Das Eiweiß mit einer Prise Salz steif schlagen und mit dem Schneebesen unterrühren. Danach die geschlagene Sahne unterheben und die fertige Mousse mindestens 2 Stunden kalt stellen.

Zum Servieren eine Nocke mit einem Löffel ausstechen und mit einigen Schokoraspeln garnieren.

*** 160

■ **Eine reife Banane mit 2 Stücken fein gehacktem kandiertem Ingwer, dem Saft einer ½ Orange und einer ½ Vanillestange in einem Topf aufkochen. Die Mischung als Mittelschicht in die Schokoladenmousse geben und erkalten lassen. Die Kombination Schokolade und Banane harmoniert hervorragend und macht aus einer Mousse ein herrliches Dessert.**

2

3

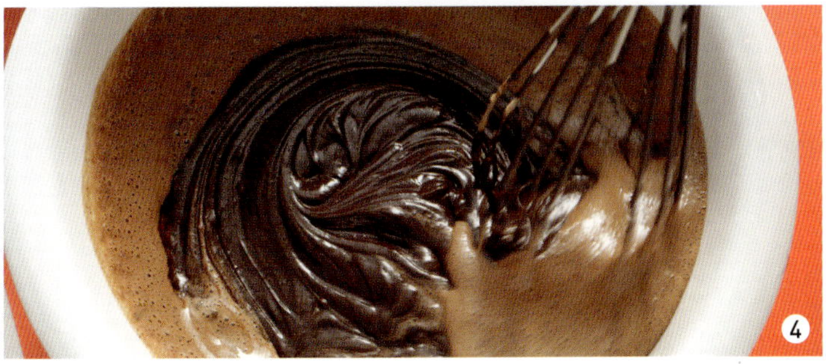
4

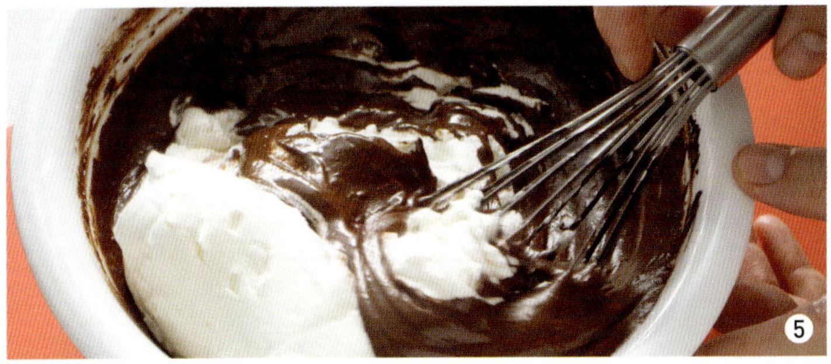
5

1 Beutel Gelatinepulver

700 ml Milch

100 g weiße Schokolade

50 ml Ahornsirup

Weiße Schokomousse mit Ahornsirup

1. Das Gelatinepulver in 4 EL kaltem Wasser verrühren und 10 Minuten aufquellen lassen.

2. Die Milch erhitzen, 2 TL beiseitestellen, die Schokolade in Stücke brechen und in der restlichen Milch auflösen.

3. Die Gelatine mit den 2 TL heißer Milch verrühren, dann in die Schokoladenmilch gießen und unter Rühren komplett auflösen.

4. Die Schokoladenmousse mithilfe eines Trichters in einen Siphon mit 0,75 l gießen.

5. Den Ahornsirup eingießen, den Siphon schließen und gut durchschütteln. Im Kühlschrank etwa 1 Stunde abkühlen lassen.

Zum Servieren zwei Patronen aufstecken und die Mousse in Schälchen schäumen.

90

■ **Auf diese Art kann man gut Mousse auf Vorrat vorbereiten. Sie wird im letzten Moment frisch in Gläsern angerichtet und schmeckt besonders schaumig und fluffig. Ebenso können dunkle Schokolade, Nougat oder auch Fruchtpürees der Milch beigefügt werden. Die Fruchtpürees sollten aber nicht mehr gekocht werden, und die Gelatinemenge muss aufgrund der Fruchtsäure um die Hälfte erhöht werden, da das Püree sonst zu flüssig sein würde.**

2

3

4

5

- 4 Eier
- 80 g Zucker
- ½ Vanillestange
- 40 ml Cognac
- 20 ml Grand Marnier
- 500 g Mascarpone
- 150 g Löffelbiskuit
- 200 ml Espresso
- 30 g Kakaopulver

Tiramisu

1. Die Eier trennen und das Eigelb mit Zucker und dem aus der Vanillestange ausgekratzten Vanillemark schaumig aufschlagen. Das Eiweiß zur anderweitigen Verwendung in den Kühlschrank stellen.

2. Den Cognac und den Grand Marnier dazugeben und einrühren.

3. Den Mascarpone mit einem Teigschaber zugeben und mit einem Schneebesen in die Masse einrühren.

4. Die Löffelbiskuits maximal 3 Sekunden in den Espresso tauchen, damit sie sich nicht ganz vollsaugen.

5. Die Zutaten schichtweise abwechselnd in eine Schüssel geben. Zuerst die Löffelbiskuits, dann die Mascarpone-Creme und so weiter. Zum Schluss mit Creme abdecken. Mindestens 1 Stunde im Kühlschrank durchziehen lassen.

Danach mit Kakaopulver bestreuen und servieren.

+ 1 Stunde kühlen

40

■ **Küchendoktor: Sollte die Creme klumpen, kann man sie durch Zugabe von etwas heißer Milch wieder glatt rühren.**

2

3

4

5

1 Blech Biskuit (s. S. 8)

1 EL Zucker

200 g Erdbeeren

200 g Erdbeerkonfitüre

Erdbeer-Biskuitrolle

1. Den fertigen Biskuit auf ein mit Zucker bestreutes Stück Backpapier stürzen. Das obere Backpapier sacht abziehen.

2. Den Biskuit vorsichtig zusammenrollen und auskühlen lassen. Kühlt der Biskuit gerollt aus, bricht er später nicht mehr beim Zusammenrollen, seine Form ist sozusagen schon vorgegeben. In der Zwischenzeit die Erdbeeren putzen und in feine Scheiben schneiden.

3. Die Biskuitrolle wieder aufrollen und mit der Erdbeerkonfitüre bestreichen. Die geschnittenen Erdbeeren gleichmäßig darauf verteilen.

4. Jetzt den belegten Biskuit mit beiden Händen und leichtem Druck einrollen, damit keine Hohlräume verbleiben. Die fertige Rolle noch eine ½ Stunde auskühlen lassen und anschließend in 3 cm dicke Scheiben schneiden.

Auf einer Platte anrichten und nach Geschmack mit frisch geschlagener Sahne servieren.

*** 60

■ **Nach dem Stürzen den Biskuit an der Oberseite mit einem nassen Küchentuch abreiben – so lässt sich das Backpapier viel besser und leichter abziehen.**

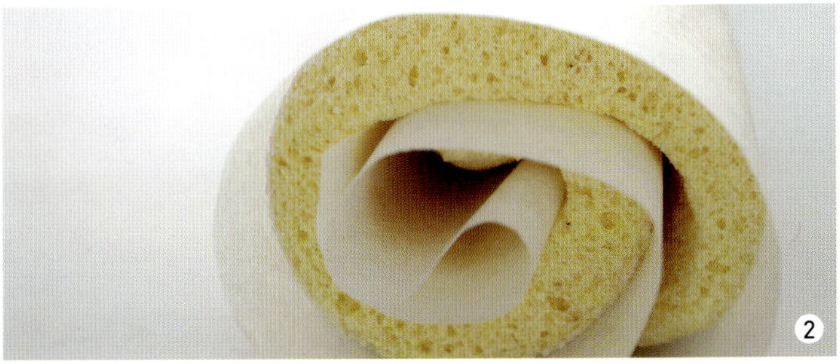
2

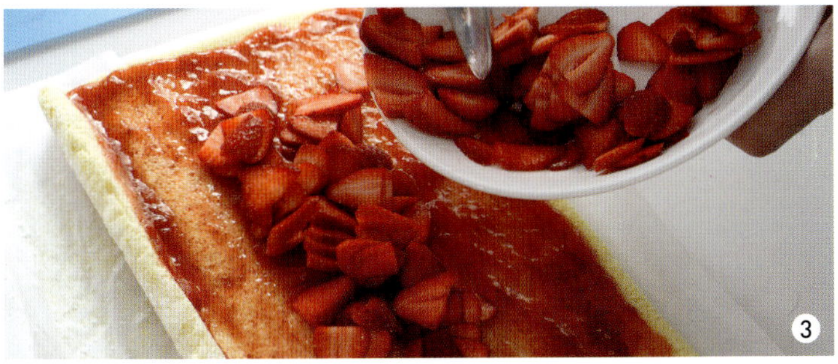
3

4

250 ml Milch
80 g Zucker
3 Eier
20 g Speisestärke
30 g Butter
1 Vanillestange
250 g Blätterteig
200 g Beeren, gemischt
50 ml Wasser
30 g Zucker
50 ml Weißwein
1½ Blatt Gelatine
10 g Puderzucker
1 Orange

Kleine Obsttarteletts

1. 50 ml Milch abnehmen und mit Zucker, Eigelb von 1 Ei und Speisestärke verrühren. Die Butter in kleine Stücke schneiden und kalt stellen. Die Vanillestange der Länge nach halbieren und mit dem Messerrücken ausschaben. Das Mark und die ausgeschabte Vanillestange mit der restlichen Milch aufkochen. Anschließend durch ein Sieb gießen und wieder auf den Herd stellen. Die vorbereitete Speisestärkemischung und Milch langsam in die Milch gießen und die Creme andicken lassen.

2. Die Creme mit der kalten Butter kalt rühren, abdecken und auskühlen lassen.

3. Den Blätterteig in gleich große Dreiecke und Röllchen schneiden und diese wie auf dem Foto gezeigt zusammensetzen. Vollständig mit dem Eigelb der übrigen Eier einpinseln und mit der Gabel kleine Löcher in den Tartelettboden stechen.

4. Die Tarteletts bei 180 °C im Ofen 12–15 Minuten backen und dann auskühlen lassen. Mit der Vanillecreme bis knapp unter den Rand füllen.

5. Nun die Vanillecreme mit frischen Früchten belegen. In der Zwischenzeit Wasser, Zucker und Weißwein aufkochen. Die eingeweichte Gelatine darin auflösen und abkühlen. Die Beeren mit der Glasur beträufeln, damit sie frisch bleiben und die Tarteletts glänzen.

Zum Servieren die Tarteletts mit Puderzucker bestäuben und eine Orangenzeste darübergeben.

75

■ Die Tarteletts können mit beliebigen Beeren belegt werden. Eine große Blätterteigschnitte mit Vanillecreme und frischen Erdbeeren schmeckt auch als Kuchenersatz.

2

3

4

5

½ Vanillestange

500 g Sahne

100 g Zucker

1 EL Kaffeebohnen

3 Blatt Gelatine

Panna cotta mit Kaffee

1. Die Vanillestange der Länge nach halbieren, das Mark mit dem Messerrücken herausschaben und in die Sahne geben. Die Sahne mit der ausgeschabten Vanillestange, dem Zucker und den Kaffeebohnen zum Kochen bringen. Die Gelatineblätter etwa 10 Minuten in kaltem Wasser einweichen.

2. Die aufgekochte Sahnemischung beiseitestellen. Die eingeweichte und ausgedrückte Gelatine dazugeben und auflösen.

3. Die Sahne durch ein Sieb in einen Messbecher gießen.

4. In Gläser umfüllen und mindestens 3 Stunden kalt stellen, damit die Panna cotta fest werden kann. Danach die Gläser kurz in heißes Wasser geben und stürzen.

210

■ **Mit zerdrückten Mandelkeksen oder Amarettini bestreuen und mit Amarenakirschen garnieren. Für eine leichtere Panna cotta die Hälfte der Sahne durch Milch ersetzen.**

3

4

- 3 Eier
- 250 g Zucker
- 1 EL Vanillezucker
- 100 ml Milch
- 120 g Butter
- 280 g Mehl
- 2 TL Backpulver
- 1 Prise Salz
- 1 TL Speisestärke
- 200 g rote Johannisbeeren
- 200 g Blaubeeren

Baiserkuchen mit Beeren

1. Die Eier trennen und das Eigelb mit 150 g Zucker und Vanillezucker in einer runden Schüssel schaumig schlagen. Das Eiweiß in einer Schale im Kühlschrank kalt stellen. Die Milch mit 100 g Butter aufkochen, zur Ei-Zucker-Masse gießen und gut verrühren.

2. 250 g Mehl mit dem Backpulver in die Schüssel sieben und alles zu einem Teig rühren.

3. Eine Springform mit 28 cm Durchmesser mit der restlichen Butter einfetten und dem restlichen Mehl ausstreuen. Dann den Teig einfüllen und im auf 180 °C vorgeheizten Ofen 18 Minuten backen. Herausnehmen und etwas abkühlen lassen.

4. Das Eiweiß mit einer Prise Salz und dem restlichen Zucker in einer Küchenmaschine cremig rühren. Die Speisestärke hinzugeben und noch einmal auf höchster Stufe 1 Minute schlagen, bis der Eischnee steif ist. Die Beeren verlesen und bis auf jeweils 1 EL vorsichtig unter den Eischnee mischen. So entsteht ein fruchtiges Baiser.

5. Die Baisermasse auf dem gebackenen Boden verteilen.

6. Die restlichen Beeren über das Baiser streuen. Den Ofen nur mit Oberhitze auf 220 °C vorheizen. Den Kuchen nun noch einmal auf mittlerer Schiene etwa 15 Minuten backen. Danach herausnehmen und auskühlen lassen.

Zum Schluss in Stücke schneiden.

***100

■ Den Kuchenboden nach dem Auskühlen mit 3 cm dicken Vanille- und Schokoladeneisscheiben belegen. Mit dem Baiser bedecken und 5 Minuten bei 250 °C backen. Sofort aus dem Ofen nehmen und servieren. So entsteht ein besonders leckeres und festliches Dessert.

2

3

4

5

6

5 Eier

80 g Löffelbiskuits

30 ml Grand Marnier

50 g Butter

1 Vanillestange

30 g Speisestärke

200 ml Milch

120 g Zucker

1 Prise Salz

Vanillesoufflés

1. Die Eier trennen und 1 Eiweiß zur späteren Verwendung abgedeckt im Kühlschrank kalt stellen. Die Löffelbiskuits in ½ cm große Würfel schneiden und mit dem Grand Marnier marinieren. 30 g Butter zum Einfetten der Förmchen bei Zimmertemperatur weich werden lassen. Die Vanillestange der Länge nach halbieren und das Mark mit dem Messerrücken herausschaben. Das getrennte Eiweiß steif schlagen und abgedeckt im Kühlschrank kalt stellen. Die Speisestärke mit 40 ml kalter Milch anrühren. Die restliche Milch in einen Topf füllen. Restliche Butter, 70 g Zucker, Vanillemark, ausgeschabte Vanillestange und Salz hinzufügen und zum Kochen bringen.

2. Inzwischen die Förmchen mit einem Pinsel gleichmäßig mit der weichen Butter einpinseln. Dann, wie auf dem Foto gezeigt, die Förmchen mit etwas Zucker füllen und leicht schräg über der Zuckerschüssel drehen, sodass Zucker im Förmchen hängen bleibt und der überschüssige Zucker in die Schüssel fällt. Dies bezeichnet man in der Fachsprache als „Wattieren". Mit den anderen Förmchen genauso verfahren.

3. Wenn die Milch aufgekocht ist, 2 Minuten unter ständigem Rühren mit dem Schneebesen weiterköcheln. Die aufgelöste Speisestärke dickt die Milch an. Die fertige Masse mit Klarsichtfolie bedeckt abkühlen lassen. Den Ofen auf 180 °C Umluft vorheizen. Eine Backform mit Backpapier auslegen, 2 Finger hoch mit Wasser füllen und in den Ofen stellen, bis das Wasser zu kochen beginnt. Das Backpapier sorgt dafür, dass beim

***90

■ **Beim Abkühlen die Creme mit Klarsichtfolie abdecken, damit sich keine Haut bildet.**

Backen keine Bläschen entstehen, die die Soufflés beim Aufgehen beeinträchtigen könnten.

4. Das Eigelb in die abgekühlte Masse einrühren. Die Masse muss kühl sein, damit das Ei nicht gerinnt. Anschließend durch ein Sieb streichen, um Klümpchen zu beseitigen, die eine luftige Konsistenz nach dem Backen verhindern.

5. Den steif geschlagenen Eischnee mit einem Teigschaber vorsichtig unter die Eigelbmasse heben. Nicht zu stark rühren, damit die eingeschlossene Luft nicht entweicht. Die marinierten Biskuitwürfel auf die Förmchen verteilen.

6. Die fertige Masse mit einem Löffel auf die Biskuitwürfel geben. Die Förmchen in der Backform ins Wasserbad stellen und bei 180 °C 20 Minuten backen. Das Soufflé ist fertig, sobald es eine goldgelbe Farbe annimmt und 2–3 cm über den Rand des Förmchens hinausgeht. Den Ofen während des Backens nie öffnen, da das Soufflé sonst nicht ausreichend aufgeht. So schnell wie möglich servieren, damit das Soufflé nicht wieder zusammenfällt. Hier gilt der Grundsatz: Der Gast wartet auf das Soufflé und nicht das Soufflé auf den Gast.

- 50 g Butter
- 20 g Mehl
- 1 Vanillestange
- 80 g Walnusskerne
- 20 g Schokolade
- 3 Eier
- 80 g Zucker
- 200 ml Milch
- 20 g Puderzucker

Walnusssoufflés

1. 30 g Butter bei Zimmertemperatur weich werden lassen und in einem kleinen Gefäß mit dem Mehl glatt rühren. Man spricht auch von einer „Beurre manié", die zum Andicken dient. Die Vanillestange der Länge nach halbieren und das Mark mit dem Messerrücken herausschaben. Walnusskerne und Schokolade grob hacken. Die Eier trennen. Das getrennte Eiweiß cremig schlagen und abgedeckt im Kühlschrank kalt stellen. Die Förmchen mit der restlichen Butter ausfetten und den Rand mit Zucker „wattieren" (s. S. 34, Punkt 2).

2. Die Milch mit gehackten Walnüssen, ausgekratzten Vanillestangen und Vanillemark zum Kochen bringen. Nach dem Aufkochen die Vanillestangen aus der Milch entfernen und die Beurre manié einrühren.

3. 3 Minuten unter ständigem Rühren köcheln lassen, bis die Masse stark eindickt. Dann mit Klarsichtfolie abdecken und abkühlen lassen. Währenddessen den Ofen auf 200 °C vorheizen und ein Wasserbad für die Förmchen vorbereiten. Dafür eine Backform mit Backpapier auslegen und 2 Finger hoch mit Wasser füllen. Wenn die Masse Zimmertemperatur erreicht, das Eigelb unterrühren. Den Eischnee aus dem Kühlschrank nehmen und vorsichtig mit einem Teigschaber unterheben. Die Förmchen zu 2/3 mit der Masse füllen und im Wasserbad bei 200 °C 20 Minuten backen, bis das Soufflé 2 cm über den Rand hinaus aufgeht.

Sofort mit Puderzucker bestreuen und servieren.

■ Aus diesem Soufflé kann ganz schnell ein anderes gezaubert werden. Dann müssen nur die Walnüsse durch andere Zutaten ersetzt werden, am besten Haselnüsse, Maronenpüree, geröstete Mandeln oder geriebene Kokosnuss. Bei der Kokosnuss sollte jedoch die dunkle Schokolade durch weiße ersetzt werden – sonst würde die dunkle Schokolade dominieren.

90

2

3

 6 Eier

 100 g Zucker

 200 ml Schaumwein

 50 ml Dessertwein

 ½ Zitrone

30

1. Heiße Basis-Zabaglione

1. Die Eier trennen. Das Eigelb mit Zucker, Schaumwein, Dessertwein und Saft ½ Zitrone in eine Schüssel geben.

2. Die Mischung über einem Wasserbad aufschlagen. Dabei in allen Bereichen der Schüssel mit dem Schneebesen schlagen, weil sonst das Ei gerinnt und Klumpen entstehen.

3. Die Masse wird immer heller und dickflüssiger und nimmt an Volumen zu.

4. Die Zabaglione ist fertig, wenn eine cremige und glänzende Konsistenz erreicht ist.

Danach sofort in Gläser füllen und servieren.

2. Pistazien-Zabaglione

4 Eier trennen. Das Eigelb mit **60 g Zucker** und **100 ml Schaumwein** über dem Wasserbad wie eine Zabaglione aufschlagen. **1 Blatt eingeweichte Gelatine** erhitzen, auflösen und zur Zabaglione geben. Diese im kalten Wasserbad kalt rühren. **60 g Pistazienkerne** in einem Mixer sehr fein, fast pastös mixen und zur Zabaglione geben. Danach **100 g Sahne** halb steif schlagen und unterheben.

Die fertige Zabaglione in Gläser füllen und mit frischen Himbeeren, Himbeersorbet, Vanilleeis oder pochierten Pfirsichen servieren.

3. Campari-Zabaglione

4 Eier trennen. Das Eigelb mit **60 g Zucker** und **80 ml Campari** über dem Wasserbad wie eine Zabaglione aufschlagen. Etwas **Orangenschale** fein abreiben und zur Zabaglione geben.
1 Orange halbieren und auspressen.
1 Blatt eingeweichte **Gelatine** im Orangensaft erhitzen, auflösen und zur Zabaglione geben. Diese im kalten Wasserbad kalt rühren. Danach **150 g Sahne** halb steif schlagen und unterheben.

Die fertige Zabaglione in Gläser füllen und mit gedünstetem Obst oder Pistazieneis servieren.

1
2
3

 150 g Zucker

 125 ml Wasser

 3 Eier

 1 Vanillestange

 10 ml Amaretto

 500 g Sahne, geschlagen

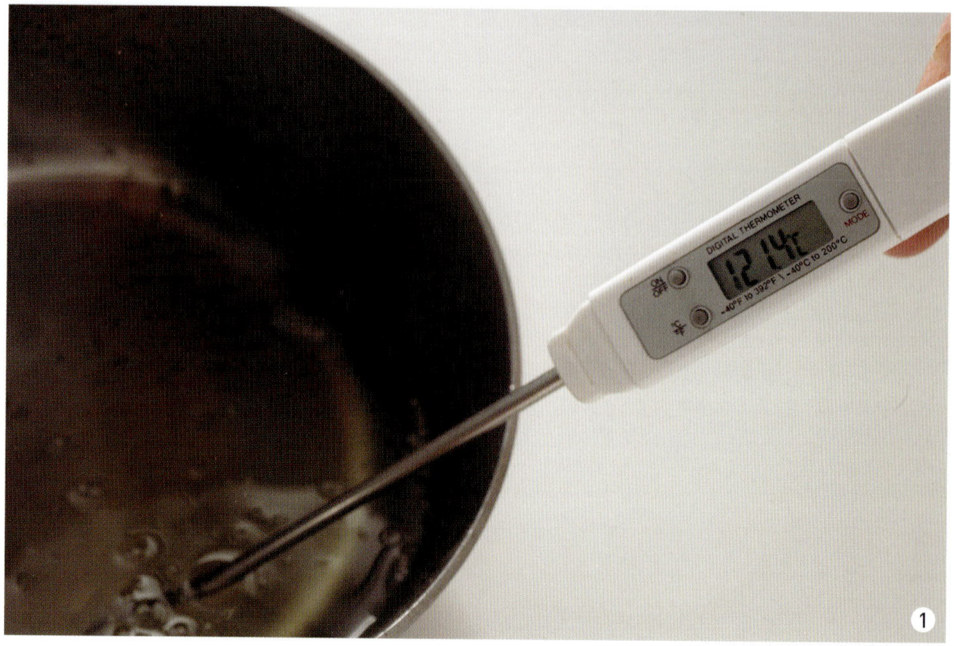

Vanilleeis-Parfait

1. Den Zucker ins Wasser geben und auf 121 °C (Zuckerthermometer) erhitzen.

2. Die Eier trennen und das Eigelb in einen Schlagkessel geben. Den gekochten Zucker nach und nach mit dem Eigelb vermischen. Dabei ständig mit dem Schneebesen rühren, damit das Ei nicht gerinnt.

3. Das ausgekratzte Vanillemark und den Amaretto untermischen, mit dem Schneebesen cremig aufschlagen und in einem kalten Wasserbad wieder kalt rühren.

4. Die kalte Sahne steif schlagen und zuerst nur ein Drittel mit einem Schneebesen einrühren. Dann die restliche Sahne vorsichtig unterheben, damit die schaumig-luftige Konsistenz des Parfaits nicht durch heftiges Rühren verloren geht.

5. Die fertige Masse in eine Form geben und mindestens 6 Stunden im Tiefkühlfach gefrieren lassen. Dann die Form kurz unter fließend heißes Wasser halten und das Parfait herausstürzen. Mit einem heißen Messer 1 cm dicke Scheiben abschneiden und servieren. Den Rest bis zur weiteren Verarbeitung in Klarsichtfolie wickeln.

Variationen des Vanilleeis-Parfaits mit folgenden Zutaten:
1. 200 g Erdbeerpüree,
2. 150 g Passionsfruchtpüree,
   50 ml Kokoslikör,
3. 50 g geröstete Mandeln,
   120 g grob gehackte Amarena,
   20 ml Kirschlikör,
4. 200 g Aprikosenpüree, 20 ml Amaretto

+ 6 Stunden tiefkühlen

40

■ Man kann die Gäste auch mit einem Eissoufflé überraschen, indem man einen Ring aus Backpapier formt, in ein Souffléförmchen stellt und mit Parfaitmasse füllt. Das Parfait wirkt wie ein Soufflé, besteht aber aus Eis.

2

3

4

5

5 Eier

130 g Zucker

½ l Milch

1 Vanillestange

8 Blatt Gelatine

400 g Sahne

Bayerische Creme

1. Die Eier trennen und Eigelb mit Zucker so lange mit dem Schneebesen verrühren, bis die Mischung fast weiß ist. Auf dem Herd ein Wasserbad vorbereiten, bei dem die Schüssel das Wasser nicht berühren darf.

2. In der Zwischenzeit die Milch mit Vanillestange und ausgeschabtem Mark aufkochen und dann nach und nach mit dem Schneebesen in die Ei-Zucker-Mischung einrühren.

3. Die Mischung über dem Wasserbad langsam erhitzen und ständig mit einem Holzlöffel rühren, damit das Ei nicht am Schüsselrand gerinnt.

4. Die Milch unter Rühren erhitzen, bis das Ei bindet. Diesen Vorgang nennt man „zur Rose abziehen", da sich bei Anpusten des Holzlöffels rosenähnliche Muster bilden.

5. Die Gelatineblätter in kaltem Wasser ausdrücken und dann unter die abgezogene Creme mischen. Diese auf einem Wasserbad mit Eiswürfeln kalt rühren.

6. Zunächst nur einen Teil der geschlagenen Sahne vorsichtig unterheben, um

+ 3 Stunden kühlen

40

■ **Für eine Kaffeecreme 4 Tassen starken Espresso kochen und vor dem Unterziehen der Sahne in die Masse einrühren. Zusätzlich die Gelatinemenge auf 9 Blätter erhöhen.**

die verschiedenen Konsistenzen anzugleichen.

7. Dann die restliche Sahne unterheben und dabei den Schneebesen wie einen Rührlöffel aus dem Handgelenk drehen. Die Creme in Schalen oder Gläser füllen und gut 3 Stunden abgedeckt im Kühlschrank auskühlen lassen.

Abschließend mit Fruchtsauce oder Obst servieren.

 8 Eier

 200 g Zucker

 1 große Prise Zimt

 800 ml Rotwein

1

Weinchaudeau

1. Die Eier trennen und das Eigelb in eine runde Edelstahlschüssel geben. Zucker und Zimt zum Eigelb geben.

2. Nun den Rotwein eingießen und mit einem Schneebesen unterrühren. In eine Stielkasserolle 2 cm Wasser füllen und zum Kochen bringen.

3. Die Edelstahlschüssel auf die Kasserolle mit dem kochenden Wasser setzen, sodass sie durch den Wasserdampf erhitzt wird.

4. Nun die Mischung kräftig schlagen, bis sich ihr Volumen um ein Dreifaches vergrößert und sie schön cremig vom Schneebesen läuft. Sofort vom Feuer nehmen und in Gläser füllen.

Heiß mit etwas Zimt bestreut servieren.

30

■ Heißes Rotweinchaudeau schmeckt sehr gut über gebackenen Birnen, Pfirsichen oder Äpfeln. Ersetzt man den Rotwein durch Prosecco oder Marsala, erzielt man eine leckere Zabaglione!

2

3

4

 4 Eier

 100 g Zucker

 1 Prise Zimt

 400 ml Rotwein

 2 Blatt Gelatine

 300 g Sahne, geschlagen

 8 Löffelbiskuits

Kalte Weincreme

1. Aus Eigelb, Zucker, Zimt und 200 ml Rotwein ein Weinchaudeau (s. S. 44) aufschlagen. Die Gelatineblätter in kaltem Wasser 10 Minuten einweichen, danach ausdrücken und in dem heißen Weinchaudeau auflösen. In eine Schüssel umfüllen und auskühlen lassen.

2. In der Zwischenzeit den Rest des Rotweins auf eine Menge von 4 Esslöffeln einkochen lassen. Die Sahne cremig steif schlagen.

3. Die Sahne und fast die gesamte Rotweinreduktion unter das kalte Weinchaudeau heben. Die Rotweinreduktion verleiht der Weincreme die nötige Farbe und verstärkt zusätzlich den Geschmack. Die Löffelbiskuits mit den Fingern in Stücke teilen und in Gläser geben. Die Creme darübergeben und eine gute Stunde auskühlen lassen.

Zum Schluss nach Geschmack etwas Rotweinreduktion mit Zucker vermischen und über die Weincreme träufeln.

+ 1 Stunde Kühlzeit

✱✱✱ 40

■ Für die kalte Weincreme kann auch Weißwein verwendet werden. Dann aber auch für die Weinreduktion einen weißen Wein verarbeiten. Den Biskuits können noch kleine entkernte frische weiße Weintrauben beigefügt werden. Zu der Rotweincreme passen rote Trauben. So schmeckt es etwas frischer.

2

3

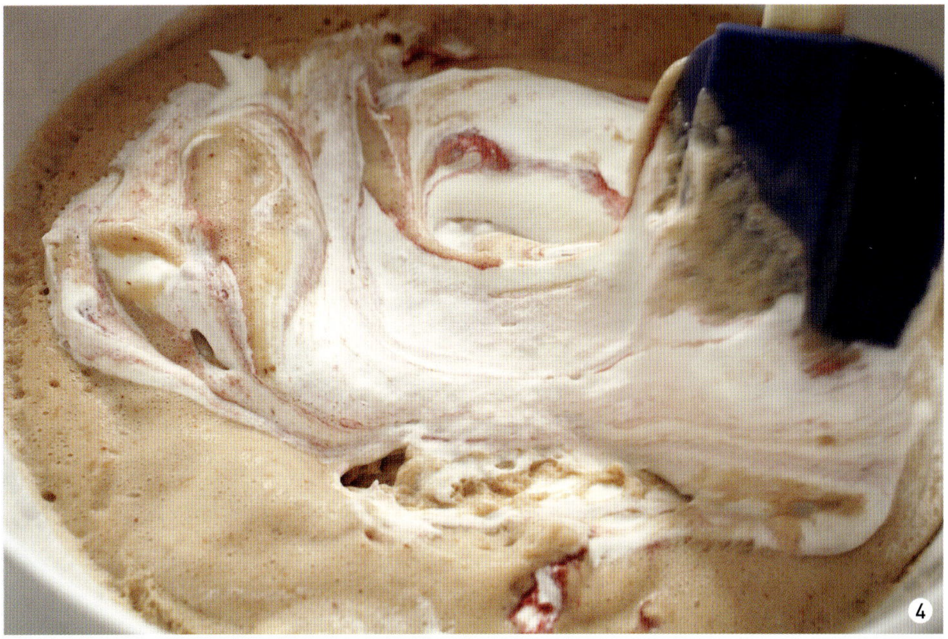
4

650 ml Kokosmilch

120 g Tapioka, geschrotet

60 g brauner Rohrzucker

1 Vanillestange

1 Prise Salz

100 ml Orangensaft

3 Sternanise

1 EL Zucker

10 g Speisestärke

20 ml Orangenlikör

2 Orangen

Tapioka-Kokos-Pudding

1. Die Kokosmilch in einem Topf zum Kochen bringen, das Tapioka einrieseln lassen und mit einem Schneebesen einrühren.

2. Den braunen Rohrzucker zugeben und den Pudding 5 Minuten langsam köcheln lassen. Die Vanillestange auskratzen und Vanillemark und Salz zugeben.

3. Der Pudding ist fertig, sobald er eine zähe gleichmäßige Konsistenz aufweist. Danach in Gläser oder Schalen füllen und mit Klarsichtfolie abgedeckt auskühlen lassen.

4. Den Orangensaft mit den Sternanisen und dem Zucker aufkochen.

5. Die Speisestärke mit dem Orangenlikör verrühren und den Orangensaft damit binden.

6. Orangenfilets aus zwei Orangen schneiden und in die gebundene Sauce geben. Vom Feuer nehmen und auskühlen lassen.

Abschließend auf den Tapioka-Pudding geben und servieren.

120

■ Die Kokosmilch darf nicht gebunden sein. Sollte der Pudding am Topfboden ansetzen, nicht weiterrühren und sofort umfüllen. Grüntee-Eis oder Papayakompott runden den Pudding ab.

3

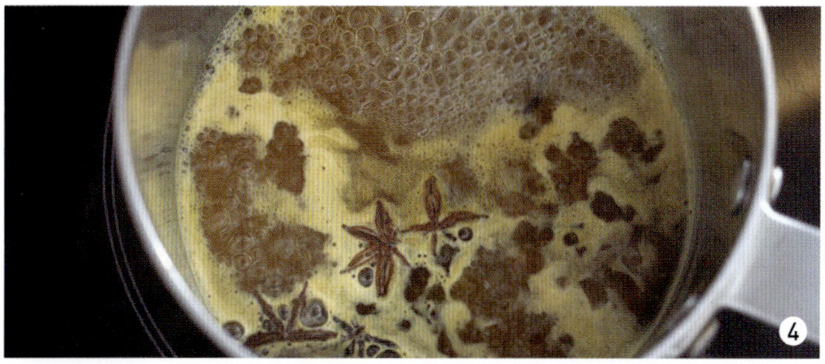
4

5

6

8 Löffelbiskuits

300 g saftige Kirschen

2 EL Zucker

½ TL Zimt

20 ml Kirschwasser

1 Packung Frühlingsrollenteig, 12 x 12 cm

1 Eiweiß

2 l Pflanzenöl, zum Frittieren

10 g Puderzucker

Frühlingsrollen mit Kirschfüllung

1. Die Löffelbiskuits in einer Schale grob mit den Fingern zerdrücken.

2. Die Kirschen waschen, halbieren und entsteinen. Die Kirschen zu den Biskuits geben.

3. Mit 2 EL Zucker und Zimt würzen.

4. Mit Kirschwasser beträufeln und gut vermischen.

5. Die Teigblätter auf die Arbeitsfläche legen. In die Mitte jeweils 2 EL von der Kirschfüllung geben. Die Seiten mit Eiweiß bestreichen.

6. Zwei sich gegenüberliegende Ecken nach innen klappen, die Ränder mit Eiweiß bestreichen.

7. Die dritte Ecke nach innen klappen und den unteren Teil nochmals mit Eiweiß bestreichen.

8. Den unteren Teil dann über die Füllung nach oben klappen und etwas andrücken. Den oberen Teil mit Eiweiß bestreichen und ganz aufrollen.

9. Das Öl in einen großen Topf geben und auf 160 °C erhitzen. Die Frühlingsrollen darin etwa 5 Minuten goldgelb frittieren.

10. Die Frühlingsrollen herausnehmen und auf Küchenpapier abtropfen lassen.

Auf Teller mit Servietten verteilen und mit Puderzucker bestreuen.

■ Diese Frühlingsrollen können auch mit anderem Obst wie Zwetschgen, Sauerkirschen, Mango, Bananen oder Weintrauben gefüllt werden. Sie sehen dann wie Ministrudel aus. Auch Füllungen mit Quark oder Vanillecreme sind möglich, allerdings braucht man dann einige getränkte Biskuitwürfel, damit die Füllung etwas Struktur hat.

*** 45

5
6
7
8
9
10

 120 g Butter

 60 g brauner Zucker

 3 Eier

 50 g Mandelstifte

 100 g getrocknetes Weißbrot, gerieben

 4 Pfirsiche

 8 Zweige Lavendel

 1 Vanillestange

 4 TL Honig

 8 TL Pfirsichlikör

1

Überbackene Pfirsiche mit Lavendel

1. Butter und Zucker bei Zimmertemperatur schaumig schlagen. Die Eier trennen und das Eigelb nach und nach einrühren.

2. Die Mandelstifte in einer Pfanne trocken goldgelb rösten und dann auskühlen lassen. Zusammen mit dem geriebenen Weißbrot zur Butter-Ei-Mischung geben und untermengen.

3. Die Pfirsichschale mit einem Messer leicht einritzen und etwa 10 bis 20 Sekunden in kochendes Wasser geben. Danach mit einer Schaumkelle in kaltes Wasser mit Eiswürfeln geben und abkühlen lassen.

4. Die Pfirsichschale abziehen und die Früchte halbieren. Den Kern herauslösen und die Pfirsichhälften mit der offenen Seite nach oben in eine mit Lavendelzweigen ausgelegte Auflaufform geben.

5. Die Pfirsiche mit der Mandelmasse füllen. Die Vanillestange der Länge nach halbieren und in 3 cm lange Stücke schneiden. Mit Honig und Pfirsichlikör beträufeln und im Ofen bei 220 °C etwa 20 Minuten überbacken.

Danach auf Tellern anrichten, mit Vanillestangen garnieren und mit Vanilleeis oder Lavendelhonig servieren.

55

■ **Gebackene Äpfel mit Rosinenfüllung: 40 g** schaumig geschlagene **Butter, 60 g** leicht geröstete, grob gehackte **Mandeln, 40 g Rosinen,** eingeweicht in **2 EL Tee, 50 g Weißbrotwürfel** ohne Rinde, **50 g** gewürfeltes **Marzipan, 8 kleine,** rotschalige **Äpfel** mit Stiel, **1 EL Butter** zum Einfetten der Ofenform, **1 EL Zucker, 1 EL Honig, 5 Gewürznelken, 2 Zimtstangen.** Zubereitung und Kochzeit wie bei den überbackenen Pfirsichen.

2

3

4

5

500 g Erdbeeren

10 Minzeblätter

½ TL grüne Pfefferkörner

3 EL Puderzucker

600 ml Mineralwasser

1 l Pflanzenöl

250 g Glasnudeln

Glasnudeln frittiert, in Erdbeergazpacho

1. Die Erdbeeren mit einem kleinen Messer von den Stielen befreien und kurz waschen. Danach halbieren und in einen hohen Mixer geben. Die abgezupften Minzeblätter und die grünen Pfefferkörner dazugeben.

2. Nun mit 2 EL Puderzucker süßen.

3. Mit dem kalten Mineralwasser aufgießen und fein mixen. Danach direkt in eine Schale geben und im Kühlschrank etwa 1 Stunde durchkühlen lassen. Der Erdbeergazpacho kann nach Belieben mit 2 cl Orangenlikör abgeschmeckt werden.

4. Das Öl in einem schmalen Topf mit etwa 20 cm Durchmesser auf 160 °C erhitzen. Die Glasnudeln mit einer Schere in vier Teile schneiden und nacheinander im Topf frittieren. Der Topf darf nur etwa zur Hälfte mit Öl gefüllt sein, da die Glasnudeln ihr Volumen verfünffachen.

5. Das Frittieren dauert nur wenige Sekunden. Die frittierten Glasnudeln auf Küchenpapier abtropfen lassen und noch warm mit dem restlichen Puderzucker bestäuben. Den Erdbeergazpacho in tiefe, vorgekühlte Teller schütten und die Glasnudeln dazugeben.

Sofort servieren, damit sich die Glasnudeln nicht mit Flüssigkeit vollsaugen und der Knuspereffekt verloren geht.

120

■ Anstelle von Erdbeeren kann man auch Wassermelone verwenden, die sich gut mit etwas Wodka abschmecken lässt.

3

4

5

1 EL Zitronensaft

130 g fettarmer, stichfester Joghurt

130 g Crème fraîche

90 g Puderzucker

150 g Erdbeerpüree

4 Blatt Gelatine

125 g Sahne

2 Eier

30 g Zucker

3 Erdbeeren

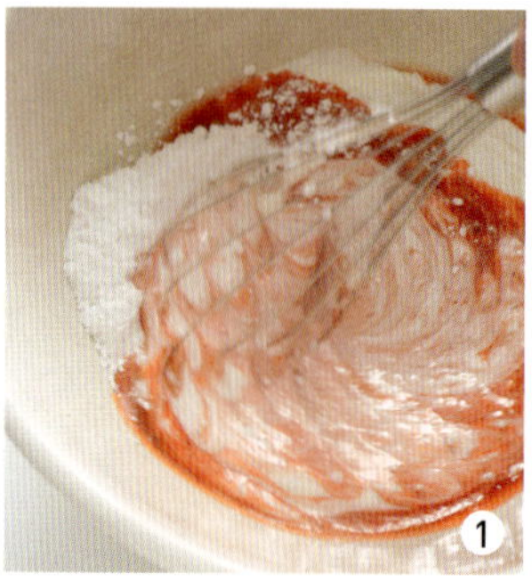

Erdbeer-Joghurt-Mousse

1. Eine halbe Zitrone auspressen und den Saft mit Joghurt, Crème fraîche, Puderzucker und $^2/_3$ des Erdbeerpürees vermischen. Die Gelatineblätter etwa 10 Minuten in kaltem Wasser einweichen, ausdrücken und in einem kleinen Topf schmelzen lassen. Dann mit dem Joghurt vermischen.

2. Die Sahne steif schlagen und mit dem Schneebesen unterheben.

3. Die Eier trennen, das Eiweiß zusammen mit dem Zucker steif schlagen und langsam unter die Masse heben. Diese in Gläser füllen und im Kühlschrank 1 Stunde kalt stellen.

Vor dem Servieren ein wenig Erdbeerpüree darübergeben und mit Erdbeerscheiben garnieren.

120

250 g Bananen

2 Zitronen

50 ml Bananenlikör

30 g Butter

2½ Blatt Gelatine

125 g Sahne

2 Eier

65 g Zucker

2 TL Vanillezucker

4 EL Schokoladensauce (s. S. 12)

Bananenmousse

1. Die Bananen in kleine Scheiben schneiden. Die Zitronen auspressen und sofort über die Bananenscheiben träufeln, damit diese nicht braun werden. Die Bananen mit dem Bananenlikör und der Butter in einem Topf kurz aufkochen, mit dem Stabmixer pürieren und durch ein Sieb streichen. Die Gelatineblätter etwa 10 Minuten in kaltem Wasser einweichen, ausdrücken, in einem kleinen Topf schmelzen lassen und in das Bananenpüree einrühren. Danach zum Abkühlen beiseitestellen.

2. Die Sahne halb steif schlagen und vorsichtig unter das erkaltete Bananenpüree ziehen.

3. Die Eier trennen. Das Eiweiß leicht schaumig schlagen und anschließend Zucker und Vanillezucker nach und nach in den Eischaum laufen lassen. Nun das Eiweiß steif schlagen, unter die Mousse heben und diese in Portionsgläser füllen. Mindestens 2 Stunden kalt stellen.

Einige Bananenscheiben mit Schale als Garnitur aufsetzen und mit Schokoladensauce beträufeln.

■ **Für 250 g geschälte Bananen benötigt man etwa 3 Bananen. Das Gewicht muss genau eingehalten werden, damit die Mousse gelingt.**

160

250 g Butter
450 g Zucker
50 g Vanillezucker
4 Eier
180 g Kakaopulver
250 g Mehl
1 TL Backpulver
1 Prise Salz
150 g gemahlene Mandeln

Schokobrownies

1. Die Butter in einem breiten Topf langsam zerlassen. Zucker und Vanillezucker untermischen. Vom Herd nehmen und die Eier nach und nach einrühren.

2. Erst das Kakaopulver mit einem Schneebesen unter die Butter-Zucker-Masse rühren, dann das gesiebte Mehl, das Backpulver, das Salz und die gemahlenen Mandeln dazugeben und alles gleichmäßig vermischen.

3. Den Teig in eine antihaftbeschichtete Form geben und glatt streichen. Im auf 180 °C vorgeheizten Ofen etwa 35 Minuten backen. Anschließend herausnehmen und auskühlen lassen. Aus der Form stürzen und in 4 x 4 cm große Würfel schneiden.

Die Brownies möglichst warm mit einer Kugel Vanilleeis und Sahne servieren.

■ **Für mehr Schokoladengeschmack etwas Bitterschokolade grob hacken, unter den Brownieteig rühren und mitbacken.**

60

- 100 g brauner Zucker
- 250 g Butter
- 400 g Zucker
- 30 g Vanillezucker
- 280 g Walnusskerne
- 4 Eier
- 180 g Kakaopulver
- 220 g Mehl
- 1 TL Backpulver
- 1 Prise Salz

Walnuss-Karamell-Brownies

1. Den braunen Zucker in einem breiten Topf bei mittlerer Hitze hellbraun karamellisieren lassen. Danach mit 100 ml kaltem Wasser ablöschen und so den karamellisierten Zucker lösen. Die Butter darin auflösen und den Topf vom Herd nehmen. Den Zucker und den Vanillezucker untermischen. 200 g Walnusskerne grob hacken und beiseitestellen.

2. Nach und nach erst die Eier einrühren, dann das Kakaopulver. Das Mehl mit dem Backpulver und dem Salz durch ein feines Sieb dazusieben. Die grob gehackten Walnüsse gleichmäßig untermischen.

3. Den Teig in eine antihaftbeschichtete Form geben und glatt streichen. Die restlichen Walnüsse auf der Oberfläche verteilen. Im auf 180 °C vorgeheizten Ofen etwa 35 Minuten backen. Herausnehmen und auskühlen lassen. Dann aus der Form stürzen und in 4 x 4 cm große Würfel schneiden. Die Brownies möglichst warm mit einer Kugel Vanilleeis und Karamellsauce servieren.

■ **Brownies schmecken auch gut, wenn man verschiedene Nusssorten wie Macadamia-, Pekan- oder Paranüsse mischt und deren Anteil um maximal die Hälfte erhöht.**

60

500 g Mürbeteig (s. S. 10)

2 EL Mehl zum Bestäuben

100 g Lieblingskonfitüre
(z. B. Heidelbeer-, Johannisbeer- oder Aprikosenkonfitüre)

1 EL Puderzucker

Mürbeteigplätzchen mit Konfitüre

1. Den kalten Mürbeteig auf einer bemehlten Fläche etwa 2 mm dünn ausrollen. Dabei den Teig öfter wenden und immer wieder mit Mehl bestäuben, damit er nicht an der Arbeitsfläche kleben bleibt.

2. Den Teig mit beliebigen Formen ausstechen.

3. Die Plätzchen auf ein mit Backpapier belegtes Backblech geben und im auf 200 °C vorgeheizten Ofen backen. Man muss die Plätzchen beim Backen im Auge behalten. Da sie sehr dünn ausgerollt sind, können sie schnell zu braun werden – die Backzeit beträgt in der Regel zwischen 8 und 10 Minuten.

4. Die Plätzchen mit dem Backpapier vom Blech nehmen und auskühlen lassen. Die Hälfte der Plätzchen mit Konfitüre bestreichen.

5. Die zweite Hälfte der Plätzchen darauflegen.

Mit Puderzucker bestreuen und auf einer Platte anrichten.

50

■ Sollten Sie keine Plätzchenausstecher zur Hand haben, können Sie ein nicht zu großes Glas als Ausstechform verwenden.

2

3

4

5

 100 g kalte Butter

 100 g Puderzucker

 80 g Zucker

 ½ TL Salz

 150 g Pekannüsse

 175 g Mehl, Type 405

 1 TL Backpulver

 1 Ei

 60 g Mehl, zum Arbeiten

Butter-Pekan-Cookies

1. Die kalte Butter mit Puderzucker, Zucker und Salz mit den Händen rasch verkneten, damit die Butter nicht zu warm wird. Eine Hälfte der Pekannüsse fein reiben, die andere Hälfte grob hacken.

2. Mehl und Backpulver über die Butter sieben und wie bei Mürbeteig einarbeiten. Die Nüsse mit dem Teig vermischen.

3. Nun das Ei dazugeben und alles zu einem glatten Teig verkneten. Zügig verfahren, damit der Teig wegen der Butter nicht zu weich wird und an den Händen klebt.

4. Den Teig in einer Klarsichtfolie zu einer 5 cm dicken Rolle zusammenrollen und für 1 Stunde zum Auskühlen in den Kühlschrank geben. Anschließend lässt sich der Teig viel besser verarbeiten.

5. Ein Backblech mit Backpapier auslegen. Den Teig in 2 cm dicke Scheiben schneiden und diese mit etwas Abstand auf dem Blech verteilen. Die Cookies im auf 180 °C vorgeheizten Ofen etwa 20 Minuten goldgelb backen. Herausnehmen und leicht auskühlen lassen. Dann am besten in einem verschließbaren Behälter aufbewahren.

Die Cookies schmecken gut zu kalter Milch, frischem Kaffee oder heißer Schokolade.

100

■ Für Schoko-Cookies noch 200 g Zartbitterschokolade oder weiße Schokolade grob hacken und zusammen mit den Nüssen in den Teig einarbeiten. Danach wie angegeben backen.

2
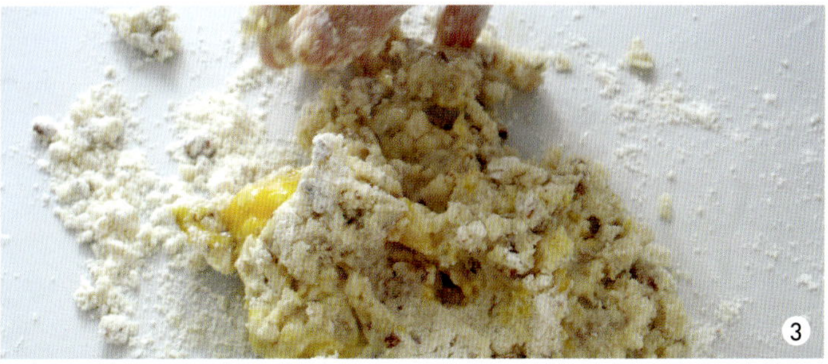
3

4

5

Register